保育ブックレットシリーズ③

幼児が楽しむ

運動遊びの作り方

監修：山内 紀幸　著者：住本 純

はじめに

　昨今、子どもたちの体力や運動能力が低下している状況から、幼児期の子どもたちにとって運動遊びの重要性やニーズは、ますます高まっています。幼稚園教育要領や保育指針における運動遊びの記載はもちろんのこと、小学校体育科の学習指導要領においても低学年はすべての運動領域で運動遊びと例示されており、幼児期〜学童期初期においては運動遊びを実施することになっています。

　このような背景から、筆者自身も運動欲求の高い幼児期・小学校低学年の子どもたちと行う運動遊びの楽しさ、子どもたちの目の輝き、汗だくになりながら運動に取り組む姿に感動を覚え、また一緒に運動遊びを楽しむことで充実感を得てきました。

　保育者を目指す学生が、運動遊びの重要性に気付き、幼児期（3〜5歳児）の子どもたちが自発的に「楽しく」「もっとやりたく」なる運動遊びを指導支援できるようになることを願い、本テキストを制作しました。

　幼児期の子どもたちにとって重要なことは、「遊び」として運動体験の幅を広げていくことです。「遊び」とは、やらされるものではなく、自ら積極的に意欲的に取り組んでいくものです。どのような指導支援、環境構成が必要なのか、保育者の意図やねらい、繊細な指導支援技術を一緒に学んでいきましょう。

　「あの運動遊びが面白かったけど、覚えていられない」、「模擬保育で他の学生の運動遊びをメモしたい」、「せっかく考えた運動遊びを書いて残したい」という学生の声もよく聞きます。このテキストでは、授業で取り扱った運動遊びや演習課題、模擬保育で経験した運動遊びを記録して、読み返して学べるように、書き込みシートのページを設けてあります。

　本書を活用して運動遊びの実践力を身につけ、子どもたちと一緒に運動遊びを楽しめる保育者として成長を遂げていただければ幸いです。

2023年9月　著者　住本 純

目次

第1章

幼児期の

運動発達の

特徴とは

1　幼児期運動指針の確認

幼児期運動指針の策定

　文部科学省は、2012年3月に「幼児期運動指針」を発表し、「幼児期運動指針ガイドブック」と「幼児期運動指針普及用パンフレット」を全国すべての幼稚園・保育園に配布した。文部科学省がこのような幼児期の運動に関する指針を発表することは初めてであり、それだけに幼児に関わる大人たちが幼児期の運動をどのように捉え、実施するのかが問われている。特に子どもたちにとってもっとも身近な保育のプロである保育者の運動遊びの在り方に対する理解は重要である。

　幼児期運動指針では以下のように述べられている。

> 幼児期は、生涯にわたる運動全般の基本的な動きを身に付けやすく、体を動かす遊びを通して、動きが多様に獲得されるとともに、動きを繰り返し実施することによって、動き方が上手になる洗練化も図られていきます。また、意欲をもって積極的に周囲の環境に関わることで、社会性の発達や認知的な発達が促され、心と体が相互に密接に関連し合いながら総合的に発達していく時期です。幼児期における運動については、適切に構成された環境の下で、幼児が自発的に取り組む様々な遊びを中心に、体を動かすことを通して、生涯にわたって心身ともに健康的に生きるための基盤を培うことが大切です。

上記を踏まえ3つのポイントが示された。

> Point（1）多様な動きが経験できるように様々な遊びを取り入れること
> Point（2）楽しく体を動かす時間を確保すること
> Point（3）発達の特性に応じた遊びを提供すること

　その後、「幼児期運動指針」を踏まえた保育施設におけるプログラムの研究開発と成果を指導参考資料として、2015年に文部科学省から「幼児期の運動に関する指導参考資料」（第一集）が、2016年にはスポーツ庁から「幼児期の運動に関する指導参考資料」（第二集）が示された。

　<u>このように、幼児期に多様な動きの獲得を遊びの中で経験し習熟していき、情緒・社会的な側面や認知的な側面等を育むことを意図して、幼児期における運動の在り方についての指針が策定されていることを覚えておきましょう。また上記の指針や指導参考資料も踏まえ、子どもたちが「楽しく」「もっとやりたい」と思える運動遊び保育をどのように構成するのか、どのような用具を使用するのか、どのように指導支援するのか、このブックレットを活用して主体的に学び、深く考えましょう。</u>

＊「幼児期運動指針ガイドブック」、「幼児期運動指針普及パンフレット」、「幼児期の運動に関する指導参考資料」（第一集）、「幼児期の運動に関する指導参考資料」（第二集）は、文部科学省やスポーツ庁のホームページからPDFファイルでダウンロードすることができる。

2 運動遊びの意義や在り方

現代の子どもたちを取り巻く生活環境

Q 現在、幼児期の子どもたちの身体や健康に関する実態において、問題となっていることを3つ書きましょう。

>

>

>

Q 新旧トイレのイラストを見比べて、運動遊びの意義について考えたことを書き込みましょう。

ヒント：現代のトイレは蓋、水洗、水栓、自動化が進んでいる。

便利な生活を追求した現代の生活から、子どもの運動遊びの意義を考えてみよう。

>

3　運動発達の特性

身体的「発育」と機能的「発達」の特性

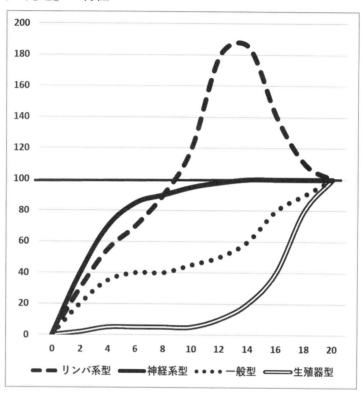

図．スキャモンの発育発達曲線

出典：Scammon, R, E. (1930). The measurement of the body in childhood, In Harris, J, A., Jackson., C, M., Paterson, D, G. and Scammon, R, E.(Eds). The Measurement of Man, Univ. of Minnesota Press, Minneapolis.

　上記の図は、身体の発育と発達を4つの型に分類し、20歳時を100%として、発達パターンの各年齢の値を100分率で示したものである。「一般型」は内臓諸器官等、「リンパ系型」はリンパ組織、「神経系型」は大脳・神経系統等、「生殖器型」は精巣・卵巣等を示している。
　Qこの図から、読み取れることを書きましょう。

運動発達の順序性（粗大運動）
　Q乳児期の運動発達の順序を語群から選択し、各月齢に当てはまる番号を書きましょう。

3〜4か月		4〜6か月		6〜8か月		8〜11か月		1歳以後	

　語群：　①首のすわり　②ハイハイ　③お座り　④寝返り　⑤1人で立つ・歩く

＊発達のめやすであり、個人差があることに留意する。

8

4　幼児期に経験したい基本的な動き

　幼児期に経験すべきである基本的な動きは、「体のバランスをとる動き」、「体を移動する動き」、「用具などを操作する動き」の3つに大別できる。

　Q 以下の運動例はこの3つの動きのどれに当てはまるか書きましょう。

| 立つ | 走る | 引く | 座る | 渡る |
| 跳ぶ | 運ぶ | 投げる | 持つ | 登る |

「体のバランスをとる動き」

「体を移動する動き」

「用具などを操作する動き」

出典：文部科学省（2012）幼児期運動指針ハンドブック

　上記で挙げた基本的な動きには、他に「寝ころぶ、起きる、回る、転がる、ぶら下がる」などの「体のバランスをとる動き」、「歩く、はねる、登る、下りる、這う、よける、すべる」などの「体を移動する動き」、「捕る、転がす、蹴る、積む、こぐ、掘る、押す」などの「用具などを操作する動き」がある。ここで挙げた基本的な動きは、幼児期運動指針ガイドブックに示されている動きであり、さらに多様な基本的な動きが存在する。

重要ポイント

・数多くの動きを経験することで、動きのレパートリーを増やす
・動きを組み合わせて行うことで、動きの質を高める

9

5　運動能力の発達との関連要因（指導や環境）

　Q子どもたちの運動能力の発達に寄与する要因は様々である。そこで、運動能力の発達に寄与する項目と、あまり関連がない項目について、下記語群から選択して番号を書きましょう。

・運動能力の発達に寄与するもの

・運動能力の発達とあまり関連がみられないもの

語群
①様々な動きの経験（運動パターン経験）
②特定の動きの経験
③保育時間内の体育指導（体操、水泳、サッカー等）
④運動技術指導（逆上がり、開脚跳び、二重跳び等）
⑤自由遊び（外遊び）
⑥一緒に遊ぶ友達の数
⑦運動遊び
⑧園庭の広さ
⑨園にある運動遊びに関わる施設の数（固定遊具等）
⑩園にある運動遊びに関わる用具の数（ボール等）
⑪担任の保育経験年数
⑫担任保育者の運動経験
⑬担任保育者の運動に対する意識（好き嫌い等）
⑭家庭環境（住居の形態、兄弟の有無、家族で遊ぶ等）

引用参考文献：

　杉原隆・河邉貴子編著（2014）幼児期における運動発達と運動遊びの指導，ミネルヴァ書房．

第2章

運動遊びを

考えてみよう

1　運動遊び8つのポイント

ポイント1　発達段階・特性を考えよう

　3〜5歳の幼児期は月齢差が大きい。○歳になったからこの動きをする、こんな遊びができる、とは限らない。目の前の子どもたちの様子に応じた実践が大切である。子どもたち一人ひとりの家庭環境や生活経験も異なり、個人差もある。個性を受け止めながら試行錯誤することが必要である。

年長 （5歳児）	・ルールを守って遊ぶ ・スポーツ種目の導入 ・子どもたちで遊ぶ習慣 ・複雑な動きへの挑戦	サッカー ドッジボール 各種伝承遊び
年中 （4歳児）	・基礎運動動作が伸び始める ・走、跳、投の運動を導入する ・集団運動の楽しさを知る ・遊び込み	鬼ごっこ 縄跳び 各種ボール遊び
年少 （3歳児）	・自由時間は外遊び ・個の遊びもOK ・複雑な動作は困難 ・好きな外遊びを好きなだけ	砂場遊び 遊具遊び ごっこ遊び

出典：春日晃章（2012）幼稚園・保育園における発達段階に合わせた遊びの工夫, 子どもと発育発達10：166-168.

ポイント2　簡単な動きから難しい動きへと展開しよう

　2〜3歳ごろまでは簡単な遊びを十分に経験することが重要である。4歳以降は難しい動きにもチャレンジできるようになる。例えば、9ページで紹介した中の1つの動きをする遊びから、複数の動きを組み合わせる遊びへと2段階の展開を行うことなどである。4歳以降であっても、最初からの難しい動きやルールの適用は、思うように動くことができなかったり、楽しさを実感できなかったりする。簡単→難しいといった2段階や3段階の発展性のある遊びも効果的である。

ポイント3　人数は少人数からスタートしよう

　1人で行う運動から、ペア、グループというように、少人数からグループ化していくことで子どもたちも遊びに参加しやすくなる。一人ひとりの役割が明確になる。

ポイント4　展開にストーリー性をつけよう

　子どもたちは、何かになりきったり、変身したりすることで遊びに主体的・意欲的に参加できる。遊びに没頭できるような状況を指導者が作り出すことが重要である。例えば、「冒険の旅に行こう！」と遊び全体をストーリー仕立てにするなどである。

運動量の確保をしよう

待つ時間や休憩時間はどうするのかを考えておく。活動場所の広さや形状から、どのような活動量になるのか見通しを持つ。幼児期運動指針では、毎日60分以上楽しく体を動かすことを推奨している。しかし、幼児の集中力は長く持続しないので、10分～20分の遊びの展開を複数行うことも有効である。

ポイント6 友達と一緒に運動しよう

4～5歳は、友達と運動遊びに取り組むことが可能になる。協同的な遊びへと発展し、ルールを守ること、友達の感情を知ることや接し方等を学ぶ等、社会性の発達を促すことも重要である。

ポイント7 安全面への配慮をしよう

運動遊びは、指導支援方法や環境構成を間違えると、大きな危険を伴う。子どもは、高低差やスピード感覚、バランスを崩すといったチャレンジ性のある遊びが大好きである。危険を感じるものに興味関心を持ち、試したくなることもある。こうした好奇心を大切にしながら、適切な安全管理を行う。子どもたちの活動を制限し過ぎることも好ましくないが、バランスのとれた安全に対する配慮をしていくことが指導者には求められる。

Q 自己経験を振り返ろう

幼児期にケガをしたことや、もう少しで大事故になっていた等のエピソードを書きましょう。思い出せない場合は、保護者や親戚に聞いてみましょう。自己経験がない場合は、**学校事故事例検索データベース（日本スポーツ振興センターHP）**から幼児の事故事例を探して記入してください。

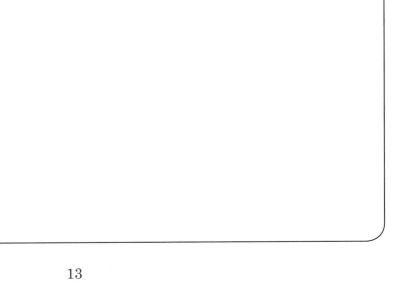

子どもたちが発見し、考えを出せるような展開にしよう

　簡単なルールからスタートし、子どもたちと一緒にルールを作っていく遊び、子どもたちのつまずきや困りごとからルールを変化させていく。競争やグループで遊ぶときは、作戦タイムの時間をとっていく。

(例)「ケイドロ（ドロケイ）」で考えられるプロセス

　Qルールの変化プロセスを考えて、以下の空欄に順序だてて書きましょう。

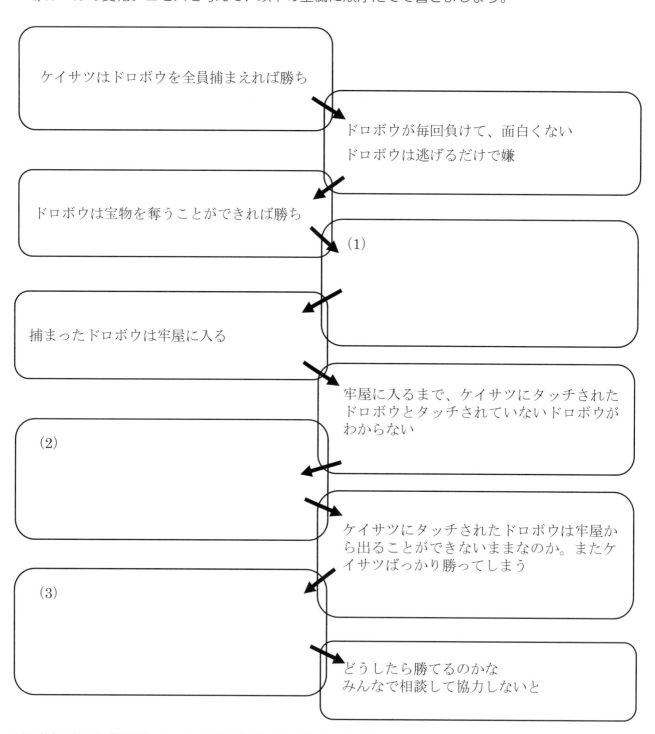

引用参考文献：無藤隆監修（2014）事例で学ぶ保育内容健康，萌文書林

14

2 運動遊びを書いてみよう

サンプル①　良い例

　1人で遊ぶ簡単な動きから、2人のチームで協力するリレーへと展開の発展性がある。破れやすい新聞紙だと遊びが停滞してしまう可能性があるので、タオルを活用するアイデアは素晴らしい。

（ 5 ）歳児　タイトル「ボール遊び」

絵や図、文字を利用し、あそび（方法）を説明してください。

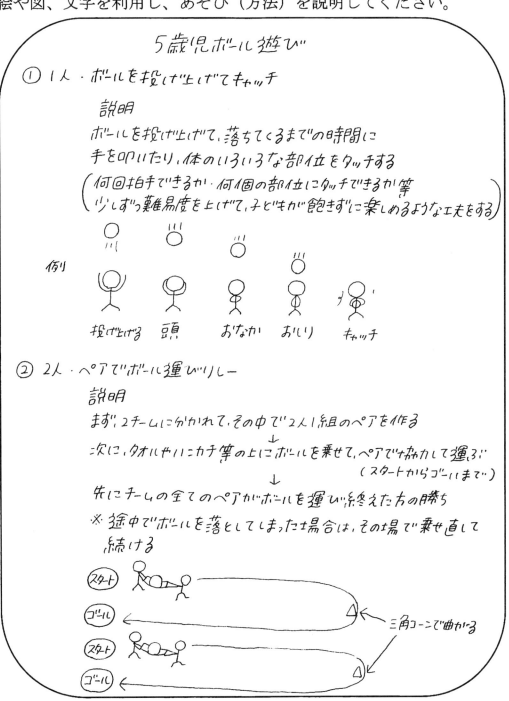

サンプル②　悪い例

　何歳児が対象なのか書いていない。発達段階に応じた遊びかどうか不明である。また発展性がない。ボールを増やす、ボールの形態を変える（様々なボールの使用）、ラインを円から楕円や三角形等に形状を変化させる等のアイデアをプラスすると、逃げる動きが多様になり発展性が生まれる。

（　　　）歳児　　タイトル「　　　　　　　　　　　　　　　　　　　」

絵や図、文字を利用し、あそび（方法）を説明してください。

・転がしドッジ

説明

まず、大きな円を書く（ラインテープ・白線・長い棒等を使用）

↓

次に、内野と外野を決め、内野は円の中、外野は円の外へ出る（基本的に内野を多めにする）

↓

外野は内野に向かってボールを転がし、内野はボールを避ける

↓

（内野は外野にボールを当てられたら、外野になる）
（外野は内野にボールを当てたら、内野になる）

↓

時間を設定し、最後に内野に残った人が勝ち

16

サンプル③　良い例

　発展性があり、多様な動きを経験できる工夫がされている。1人、2人で行う動きは用具操作の動きであるが、沈没ゲームでは、移動する動きになっている。沈没ゲームにはストーリー性があり、子どもが遊びに没頭できることが予想される。

（　5　）歳児　　タイトル「 フラフープで1年を動かす 」

絵や図、文字を利用し、あそび（方法）を説明してください。

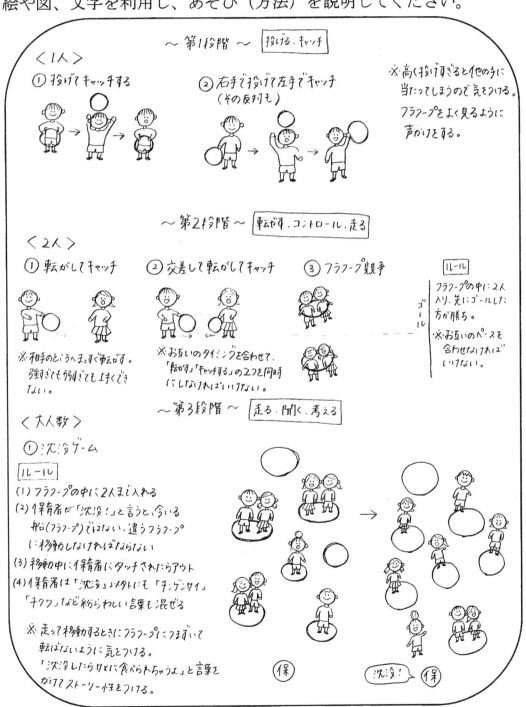

Q サンプルを参考にして、運動遊びを実際に考えて書きましょう

（　　　）歳児　　タイトル「　　　　　　　　　　　　　　　　　　　　　　」
絵や図、文字を利用し、あそび（方法）を説明してください。

（　　　）歳児　　タイトル「　　　　　　　　　　　　　　　　　　　　」
絵や図、文字を利用し、あそび（方法）を説明してください。

3 イラストを見て環境構成を考えよう

思わずやりたくなる・楽しめる環境構成

Q1 下のイラストを見て、保育者の意図を読み取ろう

何をしているのでしょうか。

保育者のねらいは何でしょうか。

なぜ、このような環境構成をしたのでしょうか。

Q2　下のイラストを見て、保育者の意図を読み取ろう。

何をしているのでしょうか。
保育者のねらいは何でしょうか。
なぜ、このような環境構成をしたのでしょうか。

Q3　下のイラストを見て、保育者の意図を読み取ろう。

何をしているのでしょうか。

保育者のねらいは何でしょうか。

なぜ、このような環境構成をしたのでしょうか。

22

Q4　下のイラストを見て、保育者の意図を読み取ろう。

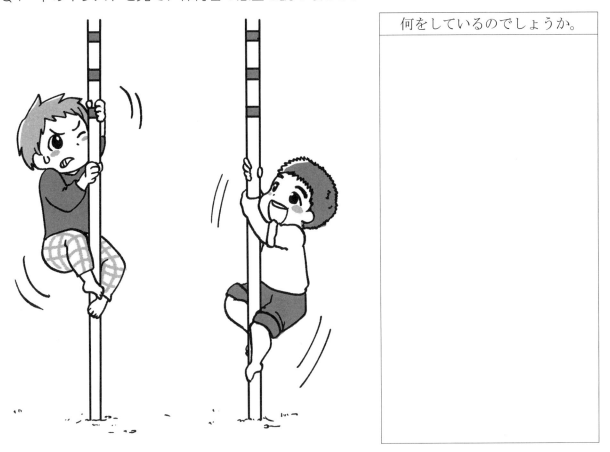

何をしているのでしょうか。

保育者のねらいは何でしょうか。
なぜ、このような環境構成をしたのでしょうか。

「(4) イラストを見て環境構成を考えよう」における参考文献：

文部科学省（2012）幼児期運動指針ハンドブック

文部科学省　体力向上の基礎を培うための幼児期における実践活動の在り方に関する調査研究

　　　　（平成 19 年度〜平成 21 年度）

4 イメージが広がる言葉がけ

（1）わかりやすい、イメージしやすい言葉がけを考えよう

動作や行動を伝える方法の１つとして、「言葉がけ」がある。しかし、幼児期の子どもたちは、言葉で動作や行動を共有することが難しい。ではどのように伝えると効果的であろうか。動物や昆虫といった身近な生き物等のイメージや感覚を例えて伝える方法がある。

例え	動作・行動
ゴリラさんみたいに	力強く
アリさんみたいに	小さく
ゾウさんみたいに	大きく、力強く
ダンゴムシさんみたいに丸まろう	小さく、膝をかかえて丸くなる
ウサギさんみたいにぴょんぴょんしよう	ジャンプする

Ｑ 動作や行動のイメージを促す例えを考えて書きましょう

例え	動作・行動

＊言葉だけで伝えることは難しい。視覚的にアプローチ、実際にモデリングすることが重要。

（2）ほめる・励ます・肯定的フィードバックから肯定矯正的フィードバックへ

ほめる・励ますといった肯定的フィードバックを常に意識することが必要である。否定したり、叱ったりすることは通常行わない（命や怪我に関わる安全面への注意は必要）。保育者の一言によって、子どもたちは意欲的になり、楽しんでいく一方で、萎縮し、主体的な活動が見られなくなることもある。

肯定的フィードバックができるようになったら、次に肯定矯正的フィードバックを意識する。例えば、跳び箱遊びにおいて「速く走れてすごい。この踏切板のところで、大きな音を出して踏み切れるともっといいね」と言葉をかけることが肯定矯正的フィードバックである。

5　ワザとコツとアイテム

ワザとコツ
（1）できそうでできないチャレンジ性のある遊び

　運動遊びは、「できた」「できない」という結果が他者に評価されることがある。その評価で自己肯定感が低下したり、運動遊びが嫌いになったりする子どもがいる。失敗することが当たり前な遊びや失敗した方が楽しい遊びに取り組むことで、結果にとらわれない・動くことの楽しさを経験させたい。できていることも身体の使用部位を変えたり、時間制限をつけたり、人数を変えたりして、新たなチャレンジを楽しめる。

　保育者が子どもに「こんなこともできるの？」と問いかけると「できる」と答えてくれるだろう。「次はこんな難しいこともできる？」と課題に取り組むことを促していく。保育者と子どものやり取りを繰り返すことも、チャレンジ性のある遊びにつながっていく。

（2）外発的動機付けの適用

　一般的に外発的動機付けの適用は好まれていない。しかし、運動遊びとは直接関係のない時間は内発的に動機付けることは難しい場面がある。その時に外発的動機付けを適用してもよいと考える。例えば、運動遊びの準備や後片付けを早く終わったグループには、グループ名の進化をさせるといった手法がある（例：オタマジャクシさんチーム→カエルさんチーム→スーパーカエルさんチーム）。最初は、名前を進化させたいから準備や後片付けを頑張って取り組むかもしれない。そのうちに準備や後片付けが早くできると、たくさん遊べるということに気付く。運動遊びが楽しい活動であり、内発的動機付けがされているからこそ、意味を持つのである。

（3）ストーリーテリング

　「第2章運動遊びを考えてみよう」でも取り上げたストーリー展開をしていくことである。絵本の登場人物やストーリーを活用し、その世界に子どもたちを引き込んでいくことで主体性や創造性が増していく。加えて、小道具（装飾品やお面等）を活用すると更に効果的である。忍者修行として、園庭や遊戯室に様々な運動遊び課題を用意し修行をクリアしていく。子どもには巻物を渡しておき、巻物には課題クリアのヒントを書いておく。このような展開で、子どもたちが忍者の世界に引き込まれていく。人質になっている誰かを助けに行く等々、子どもたちが興味関心を持つような設定を保育者が考えよう。

（4）イベントや行事、季節感のある遊びの活用

　遠足や運動会など行事を活用する。遠足で行った公園で見つけた昆虫や、動物園にいた動物を模倣して、意欲的に活動できる。季節によって、雨が多い時期や花の咲いている時期、お正月やクリスマス等々、季節に応じた遊びをしていくことも重要である。（3）のストーリーテリングと合わせて活用すると更に効果的になる。

用具の工夫とアイデア

（1）ホース

ホースを好きな長さに切り、様々なものに変化させる。ビニールテープや養生テープ、ガムテープ等でつなぎ合わると輪になり、フラフープの代用にもなる。ホースで作ったフラフープは一般的なものよりもやわらかいため、踏んでも滑って転ぶ可能性は少なく、怪我のリスクは軽減する。

（2）新聞紙

新聞紙は、あらゆる形態に変えることができる。丸めてボールにする・細長くしてバトンにする・大きいまま巻いてバットにする・輪にする等々、可能性は無限大である。折って兜を作ったり、ビリビリ破いたりちぎったりと、活用方法も多岐にわたる。

（3）なわ

なわ跳びだけではなく、床に置いて飛び越えたり、その上を歩いたり、ラインの代わりにもなる。長なわもヘビに模倣したり、結んで空中に投げて遊んだり、室内で床を滑らせたりできる。注意点は、幼児期はなわ跳びの技（例：二重跳び等）がうまくなることがねらいにはならない。なわを活用し、楽しく遊ぶことがねらいである。そのため、幼児期に使用するなわは、持ち手があるビニールでできた製品ではなく、持ち手がない綿や麻の製品を選択する。綿や麻素材の長いなわ（ロープ）を切って、活用する。両端をビニールテープで補強するとなわ遊びに適したなわになる。

（4）身近な物

トイレットペーパーの芯、傘袋、ビニール袋、ラップの芯、タオル、ゴムひも、牛乳パック、ペットボトル、段ボール、ビニールシート、布、ぞうきん等の身近なものや、使い終わったらゴミとして捨ててしまっているものも活用できる。特に形態を変えたりできるものは、運動遊びのアイテムとして役立つ。豊かな発想力や創造性で、子どもが楽しく運動遊びに取り組める活用方法を考えよう。

「たこボール」を作ってみよう

材料：ティッシュペーパー、スズラン
テープ ©、折り紙
※1個のたこボールを作成するために
必要なものは、80 cmに切ったスズラン
テープ、ティッシュペーパー1枚、折
り紙1枚。

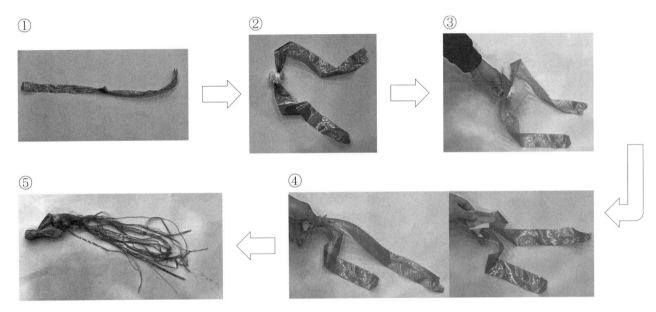

① 80cm に切ったスズランテープ © の中央に結び目を1つ作る。
②結び目をティッシュで包む。
③ティッシュの上から折り紙でさらに包む。
④包んだ折り紙をねじって頭を作る。
⑤スズランテープ © を裂いて、たこの足を作る。

たこボールと長傘で玉入れゲームをやってみよう

① たこボールを遠くに投げる。

② 二人でキャッチたこボールをする。

③ 2チーム対抗で玉入れをする。

・人数は4人以上。1人2個以上のたこボールを用意。玉入れのかごは、ゴミ箱や段ボール箱。

・子どもがたこボールを制作後、この遊びを行うと意欲を高めることができる。

④ 長傘に向かって投げ入れる。長傘の中に入らなければそのたびに拾って、全部入るまで続ける。すべてのたこボールが長傘に入ったチームの勝ちとする。

・人数は何人でも。1人2個以上のたこボールを用意する。

・たこボールは2個でなく、たくさん用意すると終了までに時間もかかり、運動量も多くなる。

※遊びの変化として、長傘と子どもの距離を変えたり、たこボールの数を増やしたりする。
　長傘は地面に置いたり、高い位置に引っ掛けたりしてバリエーションを広げる。

※①〜④については、一連の流れで行っても、1つ1つ別個に取り組んでもよい。

6 運動遊びをするときの服装

保育者や指導者

タオルや上着等を首や肩、腰に巻かない

ピアスやネックレス等の装飾品は外しておく

長い髪の毛の場合は結ぶ。硬い髪留め等は使用しない

前開きの服は、開けっぱなしにしない

フード付きの服は着ない

伸縮性のある服がおすすめ

ポケットに物を入れない

露出度の高い服や靴は避ける

自分のサイズに合った服装や靴を着用

子ども

＊保育者との共通点は多いが、気をつける点をみつけよう。

かばん等の持ち物は外す

Tシャツやポロシャツの裾はズボンに入れる

靴をきちんと履いているか確認

第3章

運動遊びの
アイデアを
書いてみよう

記入例

実施日：　　4月　24日　　　　　場所　体育館　　　　対象年齢　　5歳児

文字・絵・図を使用して、授業や研修で行った内容を思い出すことができるように書きましょう。

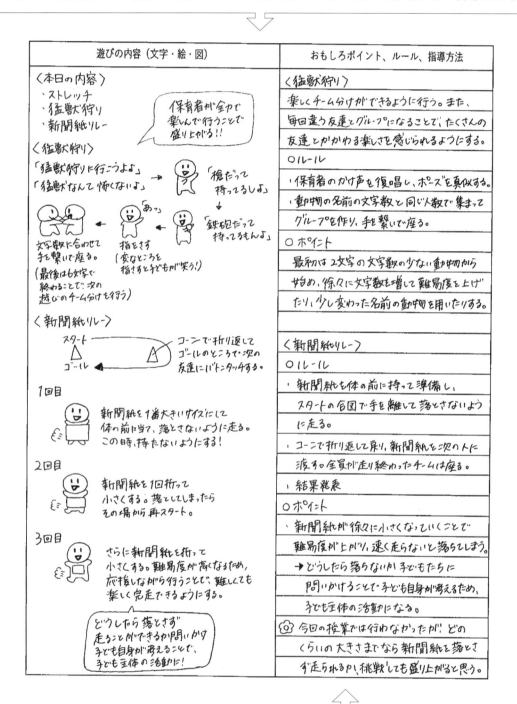

遊びのおもしろかったポイント、
具体的な声かけ、安全面への配慮、遊びの発展ポイント、
その他、遊びを行うために必要なポイントを遊びの時系列で書きましょう。

遊びの内容（文字・絵・図）	おもしろポイント、ルール、指導方法
4回目 風船を落としてしまったら、落とした場所から再スタートするよう声をかける。 風船ということですぐに落ちてしまい難しいが、保育者が全力で応援して盛り上げることで、楽しんで行えるようにする。 5回目 作戦会議を通して自分たちで考えたペア、順番で行う。 うまくいった、いかなかったという子どもたちの気持ちに寄り添うような声かけをすることで、次回のモチベーションにつなげたり、一人ひとりの気持ちを受け止めたりする。	4回目・5回目は新聞紙に風船を乗せて落とさないように運ぶ。(2人組) ○風船は軽いため、いろいろなところに飛んでいったり落としたりしてしまうが、落とした場所から再スタートするようにあらかじめ約束しておく。 ○ポイント ・4回目と5回目の間に作戦会議の時間を作り、自分たちで2人組や順番を決めたり、落とさずに運ぶためにはどうしたらいいか話し合ったりする。 →同じ活動でも試行錯誤することで、成功体験ができたり、達成感を得られたりする。また、友達と協力して行うことで、盛り上がり、活動がより楽しくなる。

リフレクション

楽しかった点	疑問点
猛獣狩りも新聞紙リレーも徐々に難局度が上がりますが、その都度考え試行錯誤するため、とても盛り上がりました。また猛獣狩りでは、変わった名前の動物を取り上げることで、笑いを取ることができました。	今回、新聞紙を用いてリレーをしましたが、すぐに破れてしまったり大きさが合わない人がいたりしたので、より扱いやすく最適な素材はないのか気になりました。

安全面への配慮	改善点
猛獣狩りの際、グループを作るのに必死になり、ぶつかってしまう人がいたため、走る際は周りを見るようにする必要があると思いました。細かいところまで目を配ることで、安全確保に繋がると考えます。	⇨走っても大丈夫なように、広いスペースを確保できる所で行うようにする。また、活動を行う前に周りをよく見るよう声をかけることで、事故を防止できるようにする。

自己評価

猛獣狩りを通して楽しくチーム分けをすることができてよかったです。また、みんなで作戦会議をする時間を作ったことで、チーム対抗がすごく盛り上がり、楽しかったです。

リフレクションを行うことは、保育者としての成長につながります。
第1段階として、楽しかった点、疑問点、安全面への配慮、改善点を観点別に書きましょう。
第2段階として、各観点について、具体的な場面を挙げながら書くことができるようになりましょう。
特に改善点の記入を具体的に行うことで、自身の運動遊び保育に活かされていきます。
最後に自身が主体的、意欲的に遊びに取り組むことができたか記入しましょう。

書き込みシート

実施日：　　　月　　　日　　　　場所　　　　　　　　　　　　　　対象年齢

遊びの内容（文字・絵・図）	おもしろポイント、ルール、指導方法

遊びの内容（文字・絵・図）	おもしろポイント、ルール、指導方法

リフレクション

楽しかった点	疑問点

安全面への配慮	改善点

自己評価

実施日： 　　月　　　日　　　場所＿＿＿＿＿＿＿＿＿　　　対象年齢＿＿＿＿＿＿＿

遊びの内容（文字・絵・図）	おもしろポイント、ルール、指導方法

遊びの内容（文字・絵・図）	おもしろポイント、ルール、指導方法

リフレクション	
楽しかった点	疑問点
安全面への配慮	改善点

自己評価

実施日：　　　月　　　日　　　場所＿＿＿＿＿＿＿　　　対象年齢＿＿＿＿＿＿＿

遊びの内容（文字・絵・図）	おもしろポイント、ルール、指導方法

遊びの内容（文字・絵・図）	おもしろポイント、ルール、指導方法

リフレクション

楽しかった点	疑問点

安全面への配慮	改善点

自己評価

実施日：　　　月　　　日　　　場所　　　　　　　　　　　対象年齢

遊びの内容（文字・絵・図）	おもしろポイント、ルール、指導方法

実施日：　　　月　　　日　　　場所　　　　　　　　　　　対象年齢

遊びの内容（文字・絵・図）	おもしろポイント、ルール、指導方法

リフレクション

楽しかった点	疑問点

安全面への配慮	改善点

自己評価

実施日： 　　月　　日　　　場所　　　　　　　　　　　　　対象年齢

遊びの内容（文字・絵・図）	おもしろポイント、ルール、指導方法

遊びの内容（文字・絵・図）	おもしろポイント、ルール、指導方法

リフレクション

楽しかった点	疑問点

安全面への配慮	改善点

自己評価

実施日： 　月　　日　　場所＿＿＿＿＿＿　　対象年齢＿＿＿＿＿＿

遊びの内容（文字・絵・図）	おもしろポイント、ルール、指導方法

遊びの内容（文字・絵・図）	おもしろポイント、ルール、指導方法

リフレクション

楽しかった点	疑問点

安全面への配慮	改善点

自己評価

第4章

運動遊びの

安全とは

1 具体的な危険場面からリスクを考えよう

Q イラストをみて、考えられる危険リスクを 10 個書きましょう。

参考文献：原秀夫（監修）・森のくじら（イラスト）（2012）次世代へつなげる安全指導・防災教室，保育とカリキュラ
ム 10 月号，ひかりのくに. p69 を改変

①	⑥
②	⑦
③	⑧
④	⑨
⑤	⑩

2 安全に関する基本的事項のおさらい

Q（　　）や⬭の中に入る適切な言葉を書きましょう。

事故の原因と特徴

事故を起こす場合は、（①　　　　　　　　　　）が重なり合って発生している。

幼児自身・保護者・保育者・環境等に原因があることが考えられる。

幼児自身の原因には、（②　　　　　　　　特性）・（③　　　　　　　特性）・（④　　　　　　特性）などが関与している。（②③④は順不同）

知的・認知的特性―――危険を認識する知識や能力の未発達、自己中心性である。

精神的特性―――衝動的な行動が多く見られる→気分や興奮度に左右されやすい特性である。

身体的特性―――頭部が相対的に大きく、重心が上にあるため、頭部や顔に怪我を負うことが多い。
　　　　　　　さらに、バランスを崩しやすい。また（⑤　　　　）の狭さや（⑥　　　　）動作の未熟さも特性である。

安全管理

安全管理には、（⑦　　　　　　　）管理と（⑧　　　　　　　　）管理に分けられる。

対人管理とは、災害防止や事故防止のための組織づくり・各職員の役割分担と行動の明確化などが挙げられる。

対物管理とは、建物、用具などの毎日の整備と点検などが挙げられる。長期的な安全管理計画も重要である。

安全教育

知的・認知的特性―――徐々に認知が発達し、自他の区別を学習していくので、好奇心を大切にしながら、危険に対する注意力を身につけるように配慮する。

精神的特性―――幼児期は（⑨　　　　　　　　）や（⑩　　　　　　　　）に最も敏感な時期である。非常に臆病になってしまうことがあるので、場面を限定し、慎重な行動をとらせることが必要である。

身体的特性―――運動遊びや外遊びを積極的に行い、危険な場所、物、状況を体験的に学ぶことが重要である。

＊しかし、

＊発達障害、知的障害、肢体不自由などの幼児は、個別の安全計画を作成することが必要である。
　加えて、年間計画の中に、交通安全指導や避難訓練を組み込むことが必須である。

応急処置

（①　　　　　　　　）（②　　　　　　　　）（③　　　　　　　　　）（④　　　　　　　　　）
　　　　　　については、時間の余裕がなく、ただちに適切な判断と処置が必要である。

応急処置の基本事項

RICE法―――REST（⑤　　　　　　　　　　　）
　　　　　　　ICE（⑥　　　　　　　　）
　　　　　　　COMPRESSION（⑦　　　　　　　　）
　　　　　　　ELEVATION（⑧　　　　　　　　　）

止血法―――出血がひどい場合。（⑨　　　　　　　　　　）法（⑩　　　　　　　　　）法がある。
＊強く圧迫しすぎると血液循環が悪くなったり、神経が圧迫されたりする場合があるので注意する。

幼児によく見られる怪我・急病とその応急処置

創傷―――発生頻度が一番高い。傷口を水で洗浄し、土などを洗い流す。
　　　　　消毒を行い、ガーゼで傷口を覆い、絆創膏や包帯を巻く。
　　　　　傷口は乾燥させないようにすると、治りが早くなる。
捻挫―――すぐに患部を冷やす。固定して安静を保つ。
　　　　　内出血等を防ぐため、患部を心臓より高い位置にする。
＊首から上部の怪我は、少しでも気になるのであれば、医療機関での診察を受けるべきである。また保護者への連絡・報告も忘れてはならない。
脱臼―――（⑪　　　　　　　　）期に多い。
　　　　　絶対に勝手に判断して、動かしてはいけない。すぐに医療機関に行くことが重要である。
骨折―――増加傾向である。患部を固定する。絶対に勝手に判断して、動かしてはいけない。
　　　　　疑われる場合は、すぐに医療機関に行くことが重要である。
打撲―――意識の有無を確認する。頭部については、受傷後（⑫　　）時間は注意し観察を行う。
　　　　　さらに（⑬　　）週間程度の経過観察が必要である。
　　　　　数日後の意識障害や頭痛、嘔吐には要注意すること。
やけど―――直後の処置がその後の回復に大きく影響を与える。応急処置はとにかく冷やす。
鼻血―――幼児に多い。頭部を高くし、安静にする。
　　　　　仰向けに寝かしたり、首の後ろをたたいたりといった間違った処置は行ってはいけない。
熱中症――体温の調節ができず、体内に熱が蓄積された状態のことである。
＊涼しい場所に移動する。衣服を緩める。（⑭　　　　や　　　）（⑮　　　　　　　）などを冷やす。意識障害やけいれんがある場合は、ただちに救急車を呼ぶこと。

参考文献：春日晃章ら（2018）新時代の保育双書「保育内容健康［第2版］」，みらい．民秋言・穐丸武臣編著（2014）保育内容健康［新版］，北大路書房．

第5章

運動遊びの

指導案を

書いてみよう

1 指導案作成のポイントと指導案作成シート

指導案作成ポイントを確認

「運動あそび」指導案

指導日時	○月○日	○曜日	場所	対象年齢	3歳児　　4歳児　　5歳児
本時のねらい	**運動のねらい**（バランスをとるあそびの中で平衡性を養う。ボールを追いかけることで全身の調整力を養う。色々な歩き方をして歩行能力を高める。素早く動いて瞬発力を養う。等々） **情緒的・社会的・知的なねらい**（決まりを守りながら友だちと協力し、一緒に活動する楽しさを味わう。ゲームを通して、達成感や充実感を味わう。順番を守ったり、譲り合ったりする経験を通して、協調性を育む。ボールの動き〈転がる、弾む〉の楽しさを感じる。等々）				

時間	環境構成（準備物を含む）	予想される子どもの活動	保育者の活動
予定時間を記入	・絵や図、文字を使用し、記載する（他者に伝わるように工夫する）。	・子どもの活動を具体的に示す（競争やゲームなど子どもの活動を記載する）。	・保育者の援助を示す（指導上の配慮、留意点を示す。運動の補助。等々）。 ・安全への配慮についても記載する。
	ポイント1 <u>保育者が主語になるように記載。</u> **ポイント2** <u>抽象的にならないように、文章で補足する。</u> **ポイント3** <u>主活動の環境構成を記載する。関係のない環境は記載する必要なし。</u>	**ポイント4** <u>気持ちを書かない。「～する」等の常体で記載。</u> **ポイント5** <u>「～もらう」等の受け身で記載しない（これは保育者の活動の項目でも同様）。</u> **ポイント6** <u>単語ではなく、文章で書く。「鬼ごっこ」ではなく、「園庭で鬼ごっこを行う」。</u>	**ポイント7** <u>～せる、～させる、といった表現は用いない。</u> **ポイント8** <u>具体的になぜそのような指導や支援を行うのか、理由を書く。</u> **ポイント9** <u>抽象的にならないようにする。「安全に気をつける」ではなく、どのような場面で何をするのかを書く。</u>

Q 下記の指導案は加筆修正が必要です。加筆修正が必要な箇所を線で囲みましょう。

「運動あそび」指導案（加筆修正点が多い例）

指導日時	月　　日	曜　　日	場　　所	対象年齢	3歳児　　④歳児　　⑤歳児		
本時のねらい	・「走る」「止まる」「方向を変える」など、動きを切り替える。敏捷性・瞬発力を高める。 ・決まりを守り、友だちと一緒に仲良く活動する良さを知る。						

時間	環境構成（準備物を含む）	子どもの活動	保育者の活動
13:00		・保育者の前に並ぶ。 ・元気に挨拶をする。 ・両手間隔に広がって、準備体操をする。 ・元の隊形に戻り、先生の説明を聞く。	・子どもたちを並ばせて、元気に挨拶をする。 ・準備体操は、先生の真似をさせる（元気のない子に声をかける）。 ・遊びの説明をする。
13:05	〈準備物〉 コーン6個 	「ねことネズミ」 ・二列に並ぶ（外側向き）。 ・練習をする。 ・先生が「ね、ね、ネズミ」と言ったら、ネズミ側の人が逃げる。その逆も行う。 ・「ねこ」「ネズミ」を言う役をする。 ・逃げること、追いかけることをする。	・口頭だけの指示だけでなく、身振り手振りを使う。 ・誰を何人タッチしてもいいと伝える（人数によって工夫あり）。 ・失敗しても良いことを伝える。 ・楽しく遊べるように「ね……ね……」とためて言うようにする。全然関係ない言葉を言ってもよい。 ・先生役をしたい子どもにさせる。 ・夢中になると力加減ができない子どもには突き飛ばさないように声をかける。また乱暴な行為が行われていないか、周囲の状況を見ておく。
13:20	最初の隊形	・軽い整理体操をする。	・時間があれば、行う。 ・体調が悪い子がいないか確認する。

指導案例

「運動あそび」指導案

テーマ「　チームでフラフープ　」番号（　　　）氏名（　　　　　　　）

指導日時	7月1日	金 曜日	3 時間目	対象年齢	3歳児　（4歳児）　5歳児

本時のねらい
・フラフープの活動で「つかむ」「はなす」「のせる」「動かす」などの動きを切り替える。 ・集団活動を通して集団の一員の自覚や自分と違う他者の存在に気付く。 （場所：おゆうぎ室）

時間	環境構成（準備物を含む）	予想される子どもの活動	保育者の活動
13:00	〈準備物〉 フラフープ　㋑　フラフ ○ ○ ○ ○ ○ ○ ○ ○ ○ ○ ○ ○ ○ ○ ○ ○ 子ども	・保育者の前に並ぶ。 ・元気に挨拶をする。 ・両手感覚に広がって、準備体操をする。 ・元の隊形に戻り、保育者の説明を聞く。	・子どもたちが並ぶように声を掛け、健康状況を確認するために元気に挨拶をする。 ・準備体操は子どもが見やすいように保育者は前に立ち、保育者の動きを真似するように促す。 ・フラフープを使い、子どもたちが遊びを想像しやすいように説明する。
13:06	㋙ ⑦ ⑤　⑦ ⑦ ㋭ ㋐ ⑦　⑦ ⑦	〈共通点さがしゲーム〉 ・4人ずつに分かれて内側を向いて輪になる。 ・出題者を1人決めて出題者がフラフープを持つ。 ・出題者がみんなに当てはまりそうなお題を出題する。 (例)「いちごが好きな人」 ・お題に当てはまる人はフラフープを握り、当てはまらない人は握らない。 ・出題者は交代制で行い、みんながフラフープを握ることができたらクリアとする。	・4人ずつ分かれる時は、まず隣にいる子と手をつなぐように声を掛けてペアができたら、隣のペアと手をつなぐように声を掛け、4人ずつ分かれることが難しくならないようにする。 ・4人ずつ分かれたところから各グループに1つフラフープを配布する。 ・出題者が誰なのかグループ内で分かりやすくするために、出題する前に全体に向けて出題者になった人は手を挙げましょうと伝える。 ・お題が決まらない子どもがいたら自分の好きな食べ物、遊びはあるか聞き、お題につなげる。 ・クリアしたグループには集団の中の1人という自覚を持ち、集団で遊んでいる認識がつくようにおめでとうなど達成感を味わうことができる声掛けをする。 ◦お題は食べ物やキャラクターなどにして友だちの名前はその人が傷ついてしまう可能性がないように声を掛け、ゲーム中も見回るようにする。

54

時刻	環境構成	予想される子どもの活動	保育者の援助・配慮
		・次のゲームの説明を保育者から聞く。	・フラフープを使い、子どもたちが遊びを想像しやすいように説明する。
13:13		〈フラフープダウン〉 ・前のゲームと同じ4人グループに分かれて内側を向いて輪になる。 ・4人みんなで人差し指の第一関接の上にフラフープを乗せる。 ・胸の高さから始めて、フラフープの輪を下げていく。 ・1人でもフラフープから指が離れたら始めからやり直す。 ・フラフープから指が離れずに、床まで下げることができたらクリアとする。	・ゲームにはフラフープが必要となるのでグループに分かれた時にフラフープが各グループに1つあるか確認する。 ・もし人差し指の第一関接の上に乗せることが難しい子どもがいた場合は指の全体に乗せたり指の本数を増やしたりしてチャレンジしても良いと声を掛ける。 ・胸より上にフラフープを上げるとゲーム中に頭や目に落ちてケガをする可能性があるのでしないように伝え、ゲーム中も見回るようにする。 ・応用として指の平や指の横などクリアしたグループには難易度が高い方法を伝える。 ・グループの誰かがリーダーとなり音頭や声かけをすると上手くいきやすいので直接伝えず、どうやったら上手くいくかなど子どもが考える機会を設ける。
13:18		・フラフープを保育者の隣に片付ける。 ・保育者の前に並ぶ。 ・できたことやゲームの感想をみんなで共有する。 ・元気よく挨拶をする。	・前に立ち、フラフープを持ってくるように声を掛け、持ってきた子どもには片付けをする意欲が高まるようにありがとうと伝える。 ・子どもたちが並ぶように声を掛ける。 ・このゲームはどうだったかななどを子どもたちに聞き、子どもたちが活動を振り返える場をつくる。 ・気持ち良く終わることができるように元気に挨拶をする。

指導案を作成してみよう

「運動あそび」指導案

テーマ「   」番号（   ）氏名（   ）

日　　時	月　　日	曜　　日	場　　所	対象年齢	3歳児　　　4歳児　　　5歳児		
本時のねらい							

時間	環境構成（準備物を含む）	予想される子どもの活動	保育者の活動

56

57

模擬保育の指導案

「運動あそび」指導案

テーマ「 　　　　　　　　　　　　　　　　　」番号（ 　　　　　　　　 ）氏名（ 　　　　　　　　　　 ）

日　時	月　日	曜　日	場　所	対象年齢	3歳児	4歳児	5歳児
本時のねらい							

時間	環境構成（準備物を含む）	予想される子どもの活動	保育者の活動

2　模擬保育の自己評価シート

模擬保育が終わったら、自己評価します。

当てはまる欄に〇をつけて、それぞれ得点を書きましょう。最後に合計点を出します。

観点	もう少し（1点）	できた（2点）	よくできた（3点）	得点
発達段階や特性	発達段階でみると、難しすぎたり、簡単すぎる遊びであった。	ほとんどの活動が発達段階や特性に応じた遊びであった。	すべての活動が発達段階や特性に応じた遊びであった。また実態や状況をみて、遊びのルールを変えたり臨機応変な対応をしていた。	
発展性	ルールや人数の発展性がなく、取り上げた遊びが一定であった。	ルールが難しくなったり、遊びを行う人数が変わったりと、遊びに発展性があった。	ルールや人数に加えて、遊びに出現する動作に複数の動きを組み合わせるといった発展性があった。	
ストーリー性	ストーリー性のある展開がなかった。	遊びの一部分に、ストーリー性のある展開があった。	遊びの最初から最後まで、一貫したストーリーを展開しており、子どもたちがその世界に引き込まれていく工夫をしていた。	
運動量の確保	運動量が多すぎたり、少なすぎる遊びであった。	運動量が適確に確保されていた。	待ち時間があまり出ないように工夫がされており、すべての子どもの運動の機会と量が確保されていた。	
友達と関わる活動	周りの友達と関わることのない遊びであった。	周りの友達と一緒に活動する遊びであった。	周りの友達と一緒に遊び、共に喜んだり、悔しがったりする機会があった。	
安全面への配慮	安全面への配慮が足りない状況があり、危険な場面があった。	子どもたちの予想される活動から、安全面への配慮や工夫をしていた。	子どもたちの予想される活動から、安全面への配慮や工夫をしていたことに加え、子どもたちに注意喚起等の安全面に関する声かけをしていた。	
子どもたちが思考したり、それを表現できたりする場面	子どもたちが考えたり、友達と相談したりする場面がなかった。また感想等を発言する場面もなかった。	子どもたちが遊びの方法やよりよい活動の仕方を考えるための問いかけや競争時に作戦の相談等の場面があった。子どもたちに遊びの感想を聞いていた。	子どもたちが遊びの方法やよりよい活動の仕方を考えるための問いかけや競争時の作戦の相談等に加えて、それらに対する保育者や指導者のフィードバックがあった。子どもたちに遊びの感想を聞き、その感想に対するフィードバックがあった。	
環境構成	子どもたちの遊びを促す環境構成になっていなかった。	子どもたちの遊びを促し、意図していた動きの獲得ができる環境構成になっていた。	子どもたちの遊びを促し、意図していた動きの獲得ができる環境構成になっており、準備や片付けも容易にできる配慮や工夫がされていた。	
声かけ	子どもたちを褒めたり、励ましたりしていた。	子どもたちを褒めたり、励ましたりすることに加え、「こうした方がもっと良いよ」等の矯正的な声かけもしていた。	子どもたちを褒めたり、励ましたりすることに加え、「こうした方がもっと良いよ」等の矯正的な声かけが工夫したものになっていた（何かに例える等のイメージしやすい声かけや抑揚つけた声かけ）。	
ルール説明	ルール説明が口頭だけで行い、子どもたちにうまく伝わらなかった。また長い時間を使ってしまった。	ルール説明時に口頭だけでなく、演示することができていた。	ルール説明時に口頭だけでなく、演示することに加え、「わかった？」等の理解度チェックが行われていた。	
感想（振り返り）				合計

解答例

P.7　・運動不足による肥満やロコモティブシンドローム予備軍の問題

　　　・高度化、情報化していく社会環境や生活の変化による運動不足

　　　・家族形態の変化や生活環境の格差による乱れた食生活、睡眠不足

トイレのイラストを見比べて

　　　・便利になっていく生活（あらゆるものが自動化されていく社会）において、日常の手足を使った動きが減っていることから、保育園や幼稚園において、発育発達段階に応じた運動遊びを行うことが必要とされている。

　　　・（具体的に記載した場合）

　　手洗い場の自動化で水を出すために蛇口を回すことが必要なくなった。そのため日常生活において手首を使う動きが減少している。このような現状から、計画的な運動遊びの実施が必要になっている。

P.8　・神経型以外は、第1次・第2次成長期において、著しい発育発達をしていく。神経型は、第2次成長期を迎える前の10歳ぐらいまでに90％以上の発育発達をする。

〈運動発達の順序性（粗大運動）〉

3～4か月	①	4～6か月	④	6～8か月	③	8～11か月	②	1歳以後	⑤

P.9　・体のバランスをとる動き（立つ、座る、渡る）

　　　・体を移動する動き（走る、跳ぶ、登る）

　　　・用具などを操作する動き（引く、運ぶ、投げる、持つ）

P.10　・運動能力の発達に寄与するもの　　　　　・運動能力の発達とあまり関連がみられないもの

①	⑤	⑥	⑦	⑪
⑬	⑭			

②	③	④	⑧	⑨
⑩	⑫			

P.14　（1）タッチされた（捕まえられた）ドロボウはどうすればいいの、どこに行けばいいのかな

　　　（2）タッチされた（捕まえられた）ドロボウは手をあげながら牢屋に自分で行く

　　　（3）まだ捕まっていないドロボウは、牢屋のドロボウをタッチすることで助けることができる

P.20

何をしているのでしょうか。
保育者と一緒に紙飛行機を作って、上にあるフラフープに通そうとしている。
保育者のねらいは何でしょうか。
自発的に何回もチャレンジして、投動作を獲得すること。
なぜ、このような環境構成をしたのでしょうか。
自分で作った紙飛行機をフラフープに通すことで挑戦意欲を高めるため。加えて、フラフープを高く設置し、投射角度を遊びながら意識させるため。

P.21

何をしているのでしょうか。
ラインを使って、色々な歩き方や渡り方をしたり、跳んだりしている。
保育者のねらいは何でしょうか。
自発的に遊びながら移動する動きやバランスをとる動きをし、獲得すること。
なぜ、このような環境構成をしたのでしょうか。
ラインを引いておいたり、絵を書いておくだけでも自ら遊びを進めていくことができるため。例えば、横断歩道や道の縁石で遊んでしまうことと同様である。

P.22

何をしているのでしょうか。
保育室にぶらさがっているものにジャンプをしてタッチをしている。 またぶらさがっているカゴに新聞ボールを入れたりしている。
保育者のねらいは何でしょうか。
自発的に何回もチャレンジして、用具を操作する動きや跳動作を獲得すること。
なぜ、このような環境構成をしたのでしょうか。
ジャンプしたらタッチできるかできないかの所に何かがあることで、跳ぶことに対する挑戦意欲を高めることができるため。またカゴに新聞ボールを入れるという自発的に用具を操作する力加減を身に付けるため。例えば、電車の中のつり革やドアの上部にタッチしたくなることと同様である。

P.23

何をしているのでしょうか。
友達と一緒に登り棒を登っている。
保育者のねらいは何でしょうか。
自発的に何回もチャレンジして、移動する動作や力強い動作を獲得すること。
なぜ、このような環境構成をしたのでしょうか。
登り棒に色の違うビニールテープをつけ、「〇〇色までがんばろう」、「今日は〇〇色までできた」というようにスモールステップで達成感を味わうため。

P.48

①すべり台ですべっている子どもがいるのに、登ろうとしている。	⑥保育者がいない状況で、うんていの上に乗って遊んでいる。
②すべり台のすべりおりてくる所で、円を描き、ケンケンパをしようとしている。	⑦遊具の近くで竹馬をしている。
③帽子をかぶったまま、鉄棒をしている。	⑧ボール遊びをしている近くで竹馬をしている。
④リュックを背負ったまま、ジャングルジムで遊んでいる。	⑨遊具の近くでボール遊びをしている。
⑤ボールを持ったまま、ジャングルジムで遊んでいる。	⑩保育者の意図している状況ではなく、双方向から子どもが走って衝突しそうである。

P.49

① 潜在危険	② 身体的	③ 知的・認知的	④ 精神的	⑤ 視野
⑥ 反射	⑦ 対人	⑧ 対物	⑨ 身体的苦痛	⑩ 精神的恐怖
（しかし、）危険や恐怖を強調し過ぎると、自由な活動が制限され、消極的になってしまう可能性がある。そのため、バランスのとれた指導支援が重要になる。				

P.50

① けいれん	② 心肺停止	③ 誤飲	④ 意識障害	⑤ 安静
⑥ 冷却	⑦ 圧迫	⑧ 挙上	⑨ 直接圧迫	⑩ 間接圧迫
⑪ 幼児	⑫ 48	⑬ 2	⑭ 頭や首	⑮ 脇の下

監修

山内紀幸（やまうち・のりゆき）　神戸女子大学文学部教授
山梨学院短期大学保育科教授・山梨学院小学校校長・山梨学院中学校校長・山梨学院高等学校校長
を経て現職。広島大学大学院教育学研究科博士課程後期単位取得退学。博士（教育学）

著者

住本 純（すみもと・あつし）　神戸女子大学文学部専任講師
大阪府小学校教諭、京都ノートルダム女子大学現代人間学部こども教育学科専任講師を経て現職。
日本体育大学大学院教育学研究科博士後期課程修了。博士（教育学）

イラスト／葉づき　　装丁／藤代 彩

保育ブックレットシリーズ③

幼児が楽しむ運動遊びの作り方

2023 年 8 月 25 日　初版第 1 刷　発行

監修　山内紀幸　著者　住本 純
発行者　小野道子
発行所　株式会社一藝社
〒 160-0014　東京都新宿区内藤町 1-6
電話 03-5312-8890　Fax 03-5312-8895
info@ichigeisha.co.jp
振替　東京 00180-5-350802
印刷・製本　モリモト印刷株式会社
©Noriyuki Yamauchi, 2023Printed in Japan
ISBN 978-4-86359-275-9　C3037

ICHIGEISHA